AF494380

LE GÉNÉRAL MARCEAU

EN VENTE

A Chartres, chez M. Colas, rue de Fresnay, 51.

LE GÉNÉRAL MARCEAU

Sa famille

Les Marceau étaient de beaux hommes, vifs, développés, agiles, et d'une taille variant de 5 pieds 2 pouces à 5 pieds 4 pouces. Esprit, décision, fermeté, jugement sain, probité et désintéressement, telles sont leurs qualités.

Aucun d'eux ne s'adonne à l'enseignement ou à la culture des lettres, ni à l'état ecclésiastique. Leur naturel les porte à la vie active et militante, surchargée d'occupations, soit dans des métiers rudes, soit dans le débat des affaires litigieuses. Ils sont soldats, aubergistes, laboureurs, épiciers, greffiers, voyers, procureurs, gendarmes, etc.

De plusieurs d'entre eux, il reste des lettres particulières inédites, spirituellement écrites, et des mémoires sur procès, imprimés, rédigés avec talent et concision (1747-1769).

Les uns se transmettent simplement de père en fils le nom de *Marceau*, les autres y ajoutent *de la Fosse* ou *Desgraviers*, sans autre blason que leur écritoire.

Les Marceau de la Fosse

Pierre, entrepreneur des travaux du roy, grand-oncle du général, ingénieur des ponts et chaussées de la généralité d'Orléans, marié à Marie-Charlotte Renoust, eut trois enfants :

1° Marie-Anne-Agathe Marceau de la Fosse, mariée à Etienne-Simon Leblanc de Boisricheux, entreposeur des tabacs à Chartres, veuve en juillet 1783.

2° Pierre-François Marceau de la Fosse, conseiller du roi en l'élection de cette ville (1780-1789), qui a épousé le 9 janvier 1781, à Saint-André, Françoise-Cécile Bellesme, morte à Sainte-Foy le 1er juin 1785, âgée de 23 ans, fille d'un tanneur et nièce d'un chanoine de la cathédrale, et qui a concouru le 3 janvier 1789 à la rédaction d'un mémoire dans lequel on établit que par sa culture la Beauce, étant étrangère à l'Orléanais, devait avoir des Etats provinciaux particuliers.

Il était cousin-germain du greffier, père du général, et eut pour fille :

Marguerite-Caroline Marceau de la Fosse, décédée à Chartres le 28 janvier 1862, à l'âge de 78 ans, veuve d'Antoine-Jean de Chabot, desquels est issu Marie-Ernest de Chabot, né à Chartres le 8 février 1812.

3° Marie-Anne-Louise Marceau de la Fosse,

qui a épousé Alexandre-Claude Bellier-Duchesnay, né le 5 mai 1739, à Chartres, où il est mort le 18 janvier 1810. Ecuyer, lieutenant des maréchaux de France, greffier du point d'honneur, maire de Chartres, élu député à l'Assemblée législative le 25 août 1791.

De ce mariage est issue Marie-Henriette-Alexandrine Bellier-Duchesnay, morte à Chartres, le 1er novembre 1816, veuve de Louis d'Ussieux, littérateur et agronome, qui, dès 1794, propage aux Vaux et à Pontgouin la culture des betteraves, carottes, blé de Turquie, à la recommandation de Bentabole, représentant du peuple, en mission dans Eure-et-Loir.

Après le 31 mai 1793, d'Ussieux fut porté sur les listes de proscription, et dut la vie à Emira Marceau et à Sergent, qui, proscrit à son tour par les Thermidoriens, trouva pendant six mois un asile aux Vaux. Elu député d'Eure-et-Loir au Conseil des Anciens, d'Ussieux y siégea jusqu'en 1799, fut membre du Conseil général du département, et mourut aux Vaux le 21 août 1805, laissant de lui et de Marie-Henriette-Alexandrine Bellier-Duchesnay, Mlle Louise d'Ussieux, née aux Vaux en mai 1789, épouse de M. Lebrun de Charmettes, laquelle raconte que le général Marceau lui fit cadeau d'une jolie petite montre, en lui disant : « Ma mignonne, je t'en apporterai une plus belle quand je reviendrai... » Mais...!

Dans la branche des de la Fosse, Mlle d'Ussieux est aujourd'hui la plus proche parente du général.

Les Marceau-Desgraviers

Dans leur branche on trouve :

Me François Marceau-Desgraviers, procureur au marquisat-pairie de Maintenon, en 1747, oncle d'Anne Marceau, femme de Jean Marinier, maître vitrier à Chartres.

Reine Marceau, femme de Valentin Perineau, garçon meunier au moulin de Gouabille, paroisse de Barjouville, dont un des petits-fils a été agent national de la commune de Ver en 1793-1794, et dont un des onze arrière-petits-fils, Florentin Perineau, cabaretier à Ver, a été arrêté et transporté avec Menou, cultivateur, en décembre 1851, par décision de la Commission mixte, composée de cinq à six étrangers au pays, et qui en ont tous disparu.

Les Perineau, patriotes éclairés, sont parents collatéraux du général.

Ligne directe de Marceau

Dans cette ligne viennent :

Severin Marceau et Anne Ripault, sa

femme, marchands, desquels est issu François-Severin Marceau-Desgraviers, né à Pontgouin, en 1722, mort à Chartres, âgé de 70 ans, le 19 mai 1792.

Praticien intelligent, pourvu en 1749 de l'office de greffier criminel au bailliage et siège présidial, où il gère en même temps avec succès l'étude de Pierre Doublet, procureur décédé, laissant une veuve âgée de 24 ans, Marie-Louise-Françoise Salmon. Marceau l'épousa le 12 janvier 1751, et pendant qu'il mène de front ses deux charges, les enfants arrivent drus, savoir :

Le 16 août 1751, Jean-Louis-François Marceau Desgraviers, qui fut procureur et commis greffier en l'élection, marié à Marguerite Dufoix.

Le 8 août 1752, René-Louis Marceau-Desgraviers *d'Houdouenne*, qui a épousé la veuve d'un notaire de Beaumont-le-Chartif (aujourd'hui Beaumont-les-Autels), où il est mort pauvre en 1790, laissant une fille.

Sa jeunesse a été tourmentée : à l'âge de 12 ans il quitte la maison paternelle, prend sa pension au dehors, puis y rentre. En 1768, son père le place à Paris, chez Me Picard, procureur au parlement ; mais il a horreur de la chicane. Il s'amuse, emprunte 282 liv. à un de ses camarades, et en janvier 1769 il s'engage dans le régiment de Royal-Dragon.

Il ne tarde pas à trouver le service insupportable, et prie, supplie son père de l'en retirer. Celui-ci paye 350 liv. pour obtenir son congé, et lui en envoie 48 pour revenir au pays.

Après s'y être délassé, d'Houdouenne prend la résolution de se faire religieux. Il entre chez les Cordeliers de Chartres, mais au bout de quatre mois il en a assez et se sauve du couvent le 13 avril 1772.

En septembre suivant, il achète en commun, avec Fillart-Rotrou, deux chevaux de selle moyennant 292 liv., et tous deux de chevaucher gaiement par le plat pays, et le bon père obligé de payer 146 liv. pour le cheval.

A la rentrée de la Cour, il le conduit chez Me de Torçay, un des premiers procureurs au parlement ; il dépense 100 liv. à l'habiller comme un des plus beaux clercs, et paye 822 liv. 12 s. pour sa pension jusqu'au 28 janvier 1774.

Trouvant que la chicane l'abrutit, d'Houdouenne déserte l'étude, s'en va à Sedan, où il réside jusqu'au mois d'octobre 1776, et y dépense 297 liv. 17 s., puis il revient à Chartres, où il tâte encore du procureur : Me Champion, son beau-frère, en est un très capable et bon vivant.

D'Houdouenne y travaille avec assiduité

jusqu'au 17 avril 1777 ; il se fera procureur ; sa famille joyeuse songe à dejà lui acheter un office ; et, pour parfaire son instruction, elle dépense encore 600 liv. que Me Allonneau encaisse pour lui montrer la grande procédure de Paris.

A peine installé, d'Houdouenne gâche le papier timbré, et court s'engager dans le régiment de Belzunce, compagnie du capitaine de Saint-Affrique, qui l'accueille à bras ouverts à la recommandation de son frère, chanoine de l'église de Chartres. Sous l'uniforme, notre clerc, rebelle à l'étude de procureur, est superbe, le père finançant à souhait 396 liv. qui n'ont pas été dissipées en dépenses frivoles, puisque d'Houdouenne a suivi les cours de l'Ecole de droit, payé le coût de ses inscriptions et de ses thèses de licence en droit civil et canon et rapporté son diplôme.

Au bout d'un an, d'Houdouenne dit un dernier adieu à l'état militaire, recueille la succession de sa mère, se montant à six ou sept cents livres de rente, et vit bourgeois à Chartres ; puis il va se fixer à Beaumont-le-Chartif.

Il y a soixante ans, dans la haute Beauce, on avait affecté méchamment de mettre sur le compte du vertueux général les folles équipées d'Houdouenne, son frère consanguin.

Reprenons :

Le 11 juillet 1753, naissance de Marie-Jeanne-Louise-Françoise-Suzanne Marceau-Desgraviers, devenue célèbre sous le nom d'*Emira*, mariée à Me Denis Champion, le 5 décembre 1768.

Le..................., naissance de Jean-Louis Marceau-Desgraviers, brigadier de gendarmerie à La Loupe, de 1796 à 1806, pas riche, car il devait 1,300 fr. à la succession de M. d'Ussieux.

8 novembre 1754 et 29 juillet 1757, deux filles mortes en bas âge.

Le 19 avril 1761, naissance d'Honorée-Suzanne Marceau-Desgraviers, épouse de Jacques-Antoine d'Haussy, dit Bertin, mort en floréal an VII, commissionnaire au mont-de-piété de Paris. Ils ont sept enfants, la plupart militaires. Après avoir été ruinée par la dépréciation des assignats, dont elle avait pour plus de cent mille livres, la veuve d'Haussy a été réduite à se faire maîtresse de l'école des filles de Longny-au-Perche.

Après avoir allaité sept enfants, Mme Marceau-Desgraviers, née Salmon, mourut le 29 septembre 1766, âgée de 42 ans?

Que deviendra son mari surchargé de besogne? Qui s'occupera des enfants?

Il connait Augustin Gaullier, marchand tapissier à Chartres, considéré dans sa corporation, et exerçant la fonction de greffier des experts. Celui-ci a une belle fille de vingt-et-un ans, Anne-Victoire, née le 28 novembre 1747. Marceau-Desgraviers demande sa main, l'obtient, et le mariage est célébré le 28 juin 1768. Les enfants viennent vite :

1° Le 1er mars 1769, François-Severin Marceau-Desgraviers, notre célèbre général, mort le 21 septembre 1796, dont l'histoire a si souvent retracé la vie que nous la résumons seulement en quelques lignes :

Général de brigade le 5 novembre 1793.

Le 10 du même mois, il passe à l'armée de l'Ouest comme général de division, et prend part aux combats d'Antrain, du Mans, de Savenay.

Le 5 avril 1794 il est appelé à l'armée des Ardennes, assiste à la prise de Thuin, à la bataille de Fleurus, où il commande l'aile droite de l'armée française ; il défait les Autrichiens près de Blendeff.

Le 1er octobre il est employé à l'armée de Sambre-et-Meuse, prend part au combat de Deuren, à la prise de Coblentz, au siège d'Ehrenbreitstein ; en novembre il chasse les Autrichiens de Stromberg, et assiste aux combats sur La Lahn, à Messeinheim et à Kaiserslauten, il défait encore les Autrichiens à Sulzbach.

En 1796, il prend le commandement de l'aile droite de l'armée du Rhin, assiste à l'engagement de Wiesbaden, à la prise de Konigstein.

Le 19 septembre il est blessé à Herschbach (duché de Nassau), et meurt le 21 à Altenkirchen, petit bourg à 8 lieues de Coblentz, où l'armée française et l'armée autrichienne lui rendent les honneurs funèbres.

D'après une lettre du ministre de la guerre, du 1er septembre 1847, conservée aux archives de la mairie de Chartres, ce serait le 4e jour complémentaire an IV, et non le 3e, que serait mort Marceau.

Marceau était resté célibataire.

2° Le 15 février 1770, Augustin Marceau-Desgraviers, ondoyé par la dame Petion, sage-femme jurée.

3° Le 12 mai 1771, Nicolas-Severin Marceau-Desgraviers, dit Villerais, sous-préfet à Châteaudun, préfet dans les Cent-Jours.

4° Le 4 février 1774, Victoire Marceau-Desgraviers.

5° Le 5 mars 1775, Louis-Isidore Marceau-Desgraviers.

6° Le 24 juillet 1778, Joséphine-Désirée-Félicité, mariée à *Caïus* Guillard, agent national de la commune et du district, 1793-1794.

7° Le 26 novembre 1778, Louis-Augustin

que par abréviation on appelait Auguste, mort à Saint-Ruffin, près Metz, le 9 juin 1839. Enrôlé en 1794, sous-lieutenant au 11e régiment de chasseurs à cheval en l'an VI, puis capitaine, chef d'escadron. Il signait, en 1792, *Marceau le jeune.* En mourant, le général lui avait légué 2,400 livres.

Enfance de Marceau

Le 1er mars 1769, les familles Gaullier, Desgraviers, Gillot, Champion, Maugars, réunies rue du Chapelet, aujourd'hui rue Marceau, n° 3, portant une inscription commémorative, fêtent la naissance du fils aîné du deuxième mariage de Me Desgraviers, qui vient d'être baptisé dans l'église de Saint-Saturnin, depuis démolie et convertie en place publique appelée la place Marceau, où est la colonne érigée en l'honneur de ce guerrier.

La mère, Madame Victoire Gaullier, n'allaite pas son enfant et ne l'élève pas à la maison... le père approuve et, pendant qu'il se livre à la joie avec ses amis, le nouveau né est emporté par une vigneronne des bas de Luisant, qui, en arrivant, le couche dans son étable pour le réchauffer et lui faire respirer un air plus doux que celui de la saison, qui est froide et humide.

Ensuite, elle l'approche d'une de ses vaches, la plus jeune et la plus fraîche vêlée, et tire sur ses petites lèvres quelques gouttes de lait qui le raniment...

Cette femme intelligente et pleine de cœur est Marie-Anne Aubert, fille d'un vigneron, nièce de Me Desgraviers, née le 31 décembre 1731, à Luisant, où elle est morte le 14 novembre 1806, épouse de Claude Houdard, vigneron, bon ouvrier, avec lequel elle a été mariée le 14 novembre 1757.

Elle n'est pas lettrée, car elle signe mal « *Mari-Ane.* » L'un de ses frères, Laumer, né le 19 janvier 1730, qui a pour marraine Anne Marceau, de Thivars, l'est encore moins, car il ne sait pas écrire.

Mari-Ane demeure sur le chemin de Chartres à l'abbaye de l'Eau, au coin de la rue aux Juifs, à droite en descendant.

Elle exploite avec son mari des vignes, des terres et un grand jardin de 3 septiers et mine dépendant d'une jolie maison de maître, le Pavillon, appartenant aux Desgraviers.

Son habitation a porte d'entrée, à deux ventaux, pratiquée sur le chemin et ouvrant sur la cour qui est en pente ; à gauche, en entrant, est un bâtiment de 30 pieds de long sur 14 de large, distribué d'une maison à feu, à laquelle est un four dont la butte, couverte en tuiles, est dans une chambre froide, pour la chauffer sans doute ?

Ce bâtiment est en bauge, pavé en terre,

propre, sec et bien aéré. Il est clos, au midi, par une porte pleine; il n'a point d'ouverture au nord, sur la rue aux Juifs.

Les deux pièces sont éclairées au midi chacune par une petite croisée. Celle de la chambre, en bois de cœur de chêne, faite élégamment, a 30 pouces de haut sur 24 pouces de large, et 9 petits carreaux de verre choisi.

Dans la maison, près du lit des époux Houdard, est un grand berceau immobile sur ses quatre pieds. Il n'y a pas de danger qu'il serve pour bercer ou qu'il se renverse...

Au bas de la cour : poulailler, toit à porc et entrée du grand jardin.

A droite, en entrant par la porte charretière, il existe un autre bâtiment en bauge, couvert en chaume, de 42 pieds de long sur 15 pieds de large, distribué d'une halle de pressoir, d'un cellier et d'une étable de 12 pieds et demi de long sur 15 de large, garnie de 3 à 4 belles vaches, d'un âne et d'un bon cheval.

Telle est la description fidèle du lieu habité par Marceau pendant près de 10 ans, lieu estimé, le 23 février 1779, à 970 livres, non compris l'étable.

On va se récrier contre ces détails. Qu'importe ? Est-ce que l'histoire de la terre n'est pas aussi celle des hommes? Est-ce qu'il ne faut pas la connaître, pour tenir certaine la manière dont Marceau a été logé, nourri, élevé ?

Est-ce qu'il ne faut pas dire quelle musique l'endort et le réveille, lui qu'on ne berce point, qu'on ne cherche point à endormir par les chansons ridicules des nourrices.

S'il crie, il s'apaise de lui-même, ou il fait chorus avec les animaux de la cour, car leur bruit traverse facilement le mur de la maison ou de sa chambrette.

Il faut qu'il s'y fasse et que, forcé de céder, il s'endorme.

Est-ce que ce milieu n'a pas d'influence sur son tempérament et son caractère? Est-ce que, parmi ces animaux, il n'en distinguera aucun, n'en aimera aucun ? Est-ce qu'il ne cherchera pas à imiter leur vigilance et leur courage ?

Est-ce qu'il est malheureux dans un pareil séjour ? Et Angot, Barbier, Barré, Darnau, Dubuart, Huet, qui, dès leur enfance, couchent sur les planches d'un bateau, dans des moulins à vent, ou des greniers d'un froid glacial, ne sont-il pas encore plus malheureux ? Est-ce qu'ils ne font pas un apprentissage de la vie qui les rend forts, robustes et durs à la fatigue ? Comparativement, Marceau est sur un berceau de roses...

Sa sœur, Emira, n'en juge pas ainsi : elle déclame contre Mme Desgraviers, qui se serait débarrassée de son fils pour se livrer gaiement à ses goûts et à la lecture.

Elle ne voit pas que les mères ne veulent plus allaiter leurs enfants, que c'est passé en usage dans la bourgeoisie chartraine, et que Brissot, Petion, etc., ont été livrés à des femmes mercenaires.

Elle oublie qu'elle-même, fille aînée de Mlle Salmon, a été mise en nourrice à Mainvilliers, le jour de sa naissance, et qu'elle a sucé le lait d'une étrangère.

Elle ne se récrie aussi fort contre le sort fait à Marceau, que parce qu'elle vient de lire l'*Emile*, de J.-J. Rousseau, et qu'elle n'est pas fâchée de montrer le tort de sa belle-mère.

Elle ne voit pas que Mari-Ane a pour Marceau une tendresse de mère, et que n'ayant pas de lait, elle ne peut pas l'allaiter ; mais qu'elle a des vaches, elle connaît la qualité et la vertu de leur lait, lui fait téter celle dont le lait est plus léger et moins fort.

La tradition le dit ; les dates le confirment : le 18 avril 1762, Mari-Ane accouche d'une fille, Anne C. Houdard, et depuis cette époque jusqu'au 1er mars 1769, et postérieurement, elle n'a pas d'enfants.

Donc, elle est hors d'état de donner le sein utilement.

La tradition ajoute que Marceau n'a jamais eu la petite vérole, tandis qu'Emira l'a eue à 13 ans, et en portait encore des marques à 21. Qu'il n'a pas été vacciné, qu'il n'avait pas besoin de l'être, parce que la tétine de la vache sucée par l'enfant contient du vaccin, qu'il s'assimile absorbé avec le lait, ce qui le préserve de la petite vérole d'une manière durable et absolue. Enfin, que la grosseur de la tétine lui a rendu la bouche plus fendue et plus grande peut-être.

Dès que Marceau est rassasié de lait, la nourrice le lave à l'eau froide, le change de linge d'un tour de main, sans le gêner dans ses mouvements, puis, pour vaquer à sa besogne, elle le pose sur la paille, à côté d'Anne, dans l'étable, où il remue, gigotte, jambes déliées, bien criant et bien venant.

A peine commence-t-il à croître que Me Severin-Marcou Marceau, son aïeul, meurt au Pavillon, le 12 avril 1769, âgé de 75 ans.

Le lendemain, les curés de Luisant, de Saint-Saturnin, Saint Brice et du Coudray, célébrèrent avec pompe les funérailles de cet homme de bien, en présence de ses fils, petits-fils, gendre, neveux, des Aubert, Gougis, Chedeville, Lailler et de la nourrice portant son petit jusque sur la fosse du défunt, qui fut enterré dans le cimetière de Luisant, dont les registres publics contiennent le nom des Marceau plus de 30 fois.

Dès que l'enfant marche seul, Mari-Ane le mène avec sa fille dans sa carriole à âne, aux champs où elle va à l'herbe ; elle les descend pas loin d'elle, et les laisse jouer, au soleil, à clig-mussette, à colin-maillard, à saute-mouton...

« Mets-toi à 4 pattes, nous allons faire » boule-boulot, » dit-il à sa camarade, et de sauter, de creuser des trous, de faire des cabanes.

Aussitôt qu'elle a chargé sa carriole d'herbe, elle assied ses deux enfants dessus, et hue !... En arrivant, ils se mêlent aux jeux de leurs camarades.

Aux repas : pain de ménage, porc salé, légumes, laitage et autres mets rustiques, eau de la fontaine de Luisant et fruits à discrétion.

Au soir, quand Mari-Ane fait son levain pour cuire le lendemain matin, les deux enfants lui disent en la chérissant : hi ! hi ! maman, demain galette !... elle de les satisfaire, à leur réveil, en leur en donnant à chacun une grosse, faite avec du fromage mou et du sel. Après l'avoir mangée, ils boivent de l'eau comme des canets.

Marceau est si habitué à l'eau, qu'à Chartres il continuera à ne boire que de l'eau, et qu'il fera de même jusqu'à l'âge de 22 ans.

En 1792, à Reims, il commencera à user du vin, mais si modérément que, même au sortir d'un festin, il se livre à sa correspondance.

Houdard mène-t-il son cheval à l'abreuvoir, le gamin le suit, monté sur l'âne, à poil nu. Il s'y tient, et crainte de tomber, il regarde toujours entre les deux oreilles.

L'âne lui convient, mais bien moins que le cheval, qu'il ne tarde pas à aborder, à caresser, à rendre docile à sa voix. Il leur donne une croûte de son pain ou de sa galette, et successivement il monte seul dessus pour les mener boire ou au pâturage.

Il monte encore le petit percheron gris du père Chedeville, s'y tient bien, quoique pour le guider il n'ait que la longe, pas de bride ni de selle.

Malgré ses plaisirs, il n'oublie pas sa famille et il n'en est pas abandonné, car elle habite le Pavillon l'été, et va et vient l'hiver.

Il joue très cordialement avec ses frères et sœurs, et n'est distingué d'eux que par ses vêtements semblables à ceux des enfants du village. Il se montre avec eux, comme avec Anne, Chedeville, Laillié, etc., ses camarades, entier, impérieux, dominant et absolu.

Le soir, il les quitte et court comme un lapin à son gîte ordinaire. Il les aime tous, et particulièrement Villerais et Emira, qui s'attribue le mérite de ses brillantes qualités, tandis qu'il ne les doit qu'à lui-même, à Mari-Ane et à ses bons exemples ; avec elle, il est au comble du bonheur. Il ne l'oubliera jamais.

Il y est libre. Il couche avec elle, puis avec Anne, qu'il préfère, parce que, dans le lit, ils jouent à « bouci-boula, un grand loup dans les bois.... » ayant pieds contre pieds et mains contre mains.

Il se lève au chant des coqs, va et vient, sans gêne, à la pluie, au soleil, qu'il vente ou tonne...

S'il rentre en sueur ou mouillé jusqu'aux os, plein de boue ou ses hardes déchirées, il n'est presque jamais grondé.

S'il a faim et soif, il boit, prend du pain et du fromage, et repart, gai comme pinson, car il se porte comme un charme.

Que les Houdard aillent moissonner ou vendanger, il est avec eux.

Un jour que la femme était occupée à mettre le fétu dans la vigne des Allouettes, il grimpe, selon son habitude, dans un gros cerisier, passe avec agilité d'une branche à l'autre en faisant le loriot qui gobe la cerise et laisse le noyau. Il jetait des poignées de cerises dans le tablier d'Anne qui se tenait au pied de l'arbre, quand tout à coup la branche casse ; et il tombe avec elle.

Saisie de frayeur, la petite pousse de grands cris ; la mère accourt, trouve Marceau affourché sur sa grosse branche dont les rameaux seuls portaient à terre, et lui dit : « Tu ne » mangeras pas de cerises l'an qui vient, si tu » casses le cerisier. » Il se dépêtre seul lestement, et 10 minutes après il grimpe dans un grand guignier.

Par une belle matinée d'automne Anne va avec Marceau garder les vaches et l'âne dans un champ de sainfoin au-dessus de la Cavée.

Pendant qu'ils jouent avec d'autres gamins, vaches et âne disparaissent vers 11 heures et s'en vont seuls à l'étable, après avoir traversé les bas de Luisant.

Anne effarée cherche, pleure à chaudes larmes, pousse de grands cris, tout le long de la rue, en courant vers la maison : « Nos vaches !... j'ai perdu mes vaches... » — Il ne criera pas, dame, lui ! dit-elle avec colère, en se retournant sur Marceau qui la suit par derrière, pas ému, pas inquiet du tout.

En arrivant ils trouvent les vaches à

leur place ; Mari-Ane finissait de les traire ; elle donne un grand gobelet de lait chaud à ses deux vachers pour les récompenser de leurs soins. Pendant que la petite, encore suffoquée, se remet de ses peines, le garçon dit : « Mère, je savais bien que nos vaches » n'étaient pas perdues ; elles connaissent » bien leur étable. » Ce trait révèle déjà chez lui de la fermeté et un bon raisonnement.

Suivant ses camarades, il est d'une susceptibilité excessive, un rien le froisse, sans le faire mettre en colère ; car il est d'un caractère fort doux. Mais il a dans sa parole et dans son geste un air d'autorité qui en impose. Ce qu'il veut, on le fait ; il a le don de se faire aimer et de se faire obéir.

Il n'est jamais las : à leur tête il simule des combats, des assauts, avec des sabres de bois.

Il saute haies, murs, fossés pleins d'eau, ou gravit, pieds nus, les côtes raides et caillouteuses de la Cavée.

Il défie à la lutte, corps à corps, frères, sœurs et camarades.

Réunissant à l'adresse et à l'agilité le sang-froid et la force musculaire, il résiste très longtemps à celui qui tente de le renverser, et si l'on a fixé la durée de la lutte, il en sort souvent vainqueur.

Il se prend ainsi avec le grand Chedeville, Maugars, Houdouanne, Emira, Honorée, et les terrasse, quoiqu'ils aient du jarret.

Dans l'étable des Houdard, se tient le veillon, rendez-vous des voisins. On y tricote, coud en chantant ou en racontant des histoires de sorciers, de revenants, de loups-garous, de flambards, de pierres et tables tournantes, du bonhomme Misère, visité par la Mort...

Ces contes amusent Marceau, mais troublent ses camarades qui deviennent peureux. Anne craint qu'on lui donne un sort.

Un soir, en se couchant Marceau dit : « La » table qui tourne !... Est-ce vrai ? mère. » Regardons; est-ce que tu crois ça ?... C'est » de la bêtise, de la sottise... de toutes ces » histoires il n'y en a qu'une seule à » retenir : Misère restera sur la terre jusqu'à » la fin du monde ; j'ai ma part, tu auras » la tienne, dors tranquille... »

Dès que Marceau atteint l'âge d'aller à l'école, il y va avec Anne, dans la Cavée, où Létard la tient dans sa maison, filles et garçons pêle-mêle.

Mais vers 1774, Michel Filastre, curé de Luisant, vraiment zélé, veut que l'école soit en haut, sous sa main. Il vide le fournil de son presbytère, près de l'église, et y installe l'école, sans loger le maître, qui, obligé d'aller et venir, n'est pas toujours là à l'heure.

En attendant, le curé le remplace... Marceau, Aubert, Chedeville, Anne, arrivent tard ; le chemin est raviné.

Ils n'aiment pas à être renfermés et soupirent toujours après les vacances, qui durent de Pâques à la Toussaint.

Ils passent néanmoins quatre hivers sous la férule du curé et du maître d'école. Qu'apprennent-ils ?

Jugez-en par Marceau : entre ses mains les A. B. C. en papier s'usent vite ; on lui en donne en parchemin, imprimés à Chartres, par Deshayes ; il les ronge. Quoi de surprenant ? après l'avoir fait lire 5 à 6 minutes, le maître d'école l'abandonne à lui-même pendant des heures entières.

A force, Marceau apprend ses lettres et lit, bien mal ! dans le psautier et le catéchisme, Anne aidant, car elle essaye de lui montrer à la maison ; mais il l'écoute à peine, se sauve, elle le suit... Elle écrit passablement en 1777 et elle fait des progrès jusqu'au 22 mars 1778 ; alors, Marceau n'a que 8 ou 9 ans, et on ne peut supposer qu'il en sache autant qu'elle qui en a 15 ou 16. Il est aussi faible que les Aubert et sa nourrice pour la lecture et l'écriture.

Le 1er novembre 1779 ses parents le

prennent chez eux à Chartres, où il apporte une santé robuste, un corps sain, endurci aux fatigues et fait à une nourriture simple, frugale et rustique ; il apporte encore un goût prononcé pour les chevaux, des habitudes et un caractère déjà virils, et un esprit de commandement au-dessus de son âge.

Ajoutons ses connaissances acquises, de ses propres yeux, sur les quatre points cardinaux, et sur la position des principales étoiles... sur les vents de bise, de galerne, etc., sur les heures du jour qu'il induit de la grandeur de son ombre ou de la hauteur du soleil — Mari-Ane, n'ayant ni montre ni horloge, lui apprend à connaître midi à sa porte ; — sur les différentes espèces d'oiseaux, d'insectes, d'animaux du pays et spécialement sur le cheval, objet de son admiration. Il a retenu des conversations des cultivateurs qui ne vont qu'à bidet la manière de distinguer le cheval rétif de celui qui va les ambles, regimbe ou cherche à secouer son cavalier.

Enfin il emporte des bas de Luisant des sentiments d'amour et de reconnaissance pour sa nourrice que déjà il appelle *la mère Francœur*, nom significatif qui la peint et qui le peint lui-même, car il a sa bonté et ses vertus gravées dans le cœur.

Modestie, loyauté, désintéressement, générosité, probité, honneur, travail opiniâtre, dignité de son sexe, telles sont les qualités de cette noble vigneronne, qualités qu'elle lui a inculquées profondément. Le nom de Francœur passera à sa fille, mariée à 20 ans, le 2 juillet 1782, à Jean-Louis Gougis, vigneron, secourable pendant la disette de 1794-95, aux pauvres de Luisant, et l'étudiant Marceau aura la joie d'être, à ses noces, le premier des garçons du pays, et encore d'être le 31 août 1784, parrain de son fils avec Mlle Marie Maugars, charmante marraine, sœur de ses meilleurs amis, moissonnée à la fleur de l'âge, pendant qu'il est à Reims, sous les armes.

Un jour, se rappelant le bonheur qu'il avait goûté dans les bas de Luisant, il dit à Emira : « La guerre fait le malheur du monde... » Ah ! puisse la paix descendre sur la terre ! » nous irons vivre en la cultivant... j'ai » économisé 200 louis, sais-tu ce que nous » en ferons en arrivant à Chartres ? Nous » irons les porter chez la bonne mère Fran- » cœur ; il y a si longtemps que je ne l'ai » vue... »

Tels sont ses sentiments, fruits des conseils de cette digne femme, de son commerce avec les gens du village, et avec ses parents lettrés et civilisés ; car il sait s'approprier le vrai, le beau et le meilleur qu'il discerne chez chacun. Il fait son propre fond lui-même et le perfectionne en silence à mesure que sa raison se développe et se fortifie. Il est le fils de ses œuvres.

A son arrivée rue du Chapelet, on l'habille bourgeoisement de pied en cap, çà lui sied à merveille et il se tient propre.

Il trouve la rue et la maison extrêmement étroites, et s'échappe souvent au dehors. Mais il ne tarde pas à être capté par ses frères qui passent leur temps d'une manière conforme à ses goûts. Avec eux son éducation agreste, volontaire et sans frein, s'adoucit dans ses formes. A ses connaissances villageoises s'ajoutent les leçons de la théorie que ses aînés, passés maîtres, se complaisent à lui donner. Ils excellent dans les exercices du saut, de la lutte, et de la course à pied et à cheval. Ils le doivent à l'étude de l'art et des meilleures méthodes. Ils le fortifiaient dans ce qu'il savait déjà par instinct et d'une façon machinale, quand la différence d'âge et la nécessité d'apprendre un état les forcent à se séparer de lui.

Reste Emira qui, sortie de chez les religieuses, à l'âge de 13 ans, ne sachant bien écrire que son nom, a, depuis, tout appris par la seule force de sa volonté et de sa constance. Calligraphie, dessin, botanique, physique, histoire naturelle, injection des oiseaux, conservation des papillons, danse, chasse, équitation, voilà ce qu'elle connaît et ce qu'elle enseigne avec succès à Marceau, sans pédantisme, sans prendre des airs de bas-bleu. Elle lui inculque aussi ses principes tolérants et miséricordieux, et son amour de l'humanité et du devoir.

Malheureusement, dans le temps où Marceau devenait de plus en plus apte à la comprendre, Emira quitte le toit conjugal, va s'enfermer à l'abbaye de l'Ouïe et y reste jusqu'en 1788. Le pauvre enfant est obligé d'aller externe, avec Villerais déjà vétéran, à la pension de L. Chevalier, maître ès arts de l'Université. On y reste de 7 heures et demie du matin à 7 heures du soir. Pour le nouveau c'est long, et l'ennui n'est pas compensé par les récréations.

Le maître lui montre à lire, à écrire, à compter et lui fait faire sa 1re communion à la Trinité 1781.

Après quoi, il le met au latin. L'écolier y mord avec peine... Il n'est pas précoce en cette partie... Mais à force, l'émulation et l'amour propre aidant, il surmonte son dégoût.

A quatorze ans, il traduit : *de Viris*, *Cornelius Nepos*, auteurs qui captent son imagination et lui font rêver combats, victoires.

A la rentrée de 1782, il va en 5e au collège avec les autres élèves de la pension, à l'heure des classes réglementaires. Il en est successivement ainsi pour la 4e et la 3e, jusqu'à la distribution des prix de 1785. Marceau suit ces cours avec Deshayes, Guillard, Legendre, Maugars, Vallou, etc., et profite avec eux des leçons libérales et désintéressées de Me Chevalier, qui leur explique Erasme, la grammaire de Port-Royal, le rudiment de Tricaud, l'histoire et la géographie de Luneau de Boisjermain, novateur hardi...

Marceau a dû avoir des prix, en 3e surtout, qu'il fait de l'âge de 15 à 16 ans. On n'a pu en découvrir aucune trace. Mais assurément il aurait remporté les premiers prix pour l'adresse des exercices du corps, la manière de monter et de se tenir à cheval, etc. Mais le principal du collège, Me Berthinot, poète sacré, chanoine de la cathédrale, ne reconnaît ni ne récompense ces talents-là qui sont très développés chez Marceau, ainsi que le prouve le fait suivant :

Deux ou trois jours avant l'ouverture des vacances de 1785, la pension Chevallier arrive, vers une heure de l'après-midi, en promenade aux Grands-Prés. Marceau, à la tête de 8 à 10 écoliers de 14 à 16 ans, avise des chevaux fichés à l'herbe et leur ordonne d'en prendre chacun un ; les brider avec des cordes, sauter dessus, s'armer d'échalas arrachés aux vignes voisines, fut l'affaire d'un instant.

Marceau, en avant, galope militairement, fait marcher avec ordre, en rang, commande, son échalas à la main, en guise de sabre.

Il va faire le siège de Maintenon où ses cavaliers pénètrent par des rues différentes et arrivent en même temps sur la place. Là il fait former le cercle autour de lui et annonce : « Halte, avoine aux chevaux, à l'auberge. » Ce qui est dit est fait, puis chacun prend part à un goûter frugal... le chef paye la dépense, fait monter ses camarades à cheval, et revient dans le même ordre.

Après avoir remis les chevaux au pâturage des Grands-Prés, Marceau, suivi de ses compagnons, rentre vers 11 heures du soir, à la pension où sont accourus les bardoux qui, n'ayant pu amener leur moissons, faute de chevaux, poussent des cris et menacent avec colère de porter plainte à la maréchaussée.

Me Chevalier tache de les apaiser, MM. Desgraviers, Maugars et Vallou, pères, qui ont été appelés, se joignent à lui, indemnisent les plaignants, sous les yeux desquels un morceau de pain sec est donné aux ravisseurs qu'on envoye coucher en les accablant de reproches amers....

Le lendemain matin, le maître de pension appelle Marceau, le réprimande sévèrement sur son indiscipline et son manquement envers son père.... « Celui-ci avoue sa faute,

» prend l'affaire pour son compte et déclare »qu'il est seul coupable.. seul responsable..» Là-dessus, résolution entre Me Chevalier et les Desgraviers de le faire engager. Mais, avant d'en venir à cette extrémité, le père veut réfléchir mûrement et éprouver son fils auquel il accorde des vacances libres et entières.

Marceau les employe à la chasse... il y va depuis l'âge de 13 ans avec ses deux frères et Emira, Maugars, Charles Chifflet, Legrand, etc. Aussi, en 1796, quand il aura son quartier général à Trèves, il y ira encore trois fois dans les environs de cette ville ; ses envieux en prendront pretexte pour l'attaquer dans les journaux, et les officiers municipaux de Trèves proclameront qu'il est ridicule de lui reprocher ses trois chasses, lui qui a procuré aux habitants du pays « la tranquillité, l'ordre et la justice! »

Ces vacances de 1785 sont ses dernières et ses meilleures. Il chasse à Pontgouin, aux Vaux, à Billancelles, à Fontenay-sur-Eure, aux Radrais. Il a partout là des parents qui le reçoivent parfaitement et lui procurent des plaisirs conformes à ses goûts pour le cheval... parce que tous il le regardent comme un bon garçon, intelligent, honnête, modeste et d'une excellente tenue; avec eux il se prononce ferme: Il ne sera pas clerc de greffier, ou de procureur. »

Les vacances finies, il rentre à la maison paternelle. On l'y reçoit très bien d'abord, mais sa mère se met à le chagriner, le traite d'ignorant... de propre à rien... tandis que le père, greffier criminel, l'allèche, le trouve capable d'être son clerc... Mais Marceau ne veut pas entendre parler « d'un métier qui dessèche les membres » et il ne se gêne pas plus que ses frères et sœurs, pour appeler l'*Etude* qui ouvre sur l'allée de la maison, l'*Enfer*.

C'en est fait : le 2 décembre 1785 il s'engage dans un régiment d'infanterie, Savoie-Carignan, dont est colonel M. de Serent, maréchal de camp depuis le 1er mars 1780.

Il part avec environ 200 liv., prix de son engagement et don de ses père et mère qui l'aimaient tendrement. C'est attesté. Ses frères et sœurs restent indifférents, excepté Emira qui, de son couvent de l'Ouïe, lui écrit de ne pas s'arrêter à Paris et de quitter ses habitudes sur le champ. Il obéit et se rend à son régiment dont il devient un des plus rangés et des plus habiles soldats. Il étudie Charles XII, Frédéric-le-Grand, le maréchal de Saxe, Pierre-le-Grand... Le colonel, frappé de son application, le nomme sergent.

En février 1789, Marceau vient en permission à Chartres où il est parfaitement accueilli de tous ses parents. Il va dans les bas de Luisant voir la mère Francœur et ses camarades, entre autres Guersent et Haquin, vignerons, qui lui parlent des doléances de la paroisse, du droit de terceau levé par le duc d'Orléans sur ses 100 arpens de vigne, droit tel que, dans les années de mauvaises récoltes, il prend la totalité des vendanges.

Il en entend encore de plus fortes à Chartres. Ces plaintes l'attristent, il les raconte à Emira qui prêche la suppression des abus et l'exhorte à y concourir. L'attaque de la Bastille lui en fournit l'occasion, et il y prend part, ce qui lui vaut la radiation des contrôles de son régiment, le 27 Juin 1790. Car le ministre de la guerre fait renvoyer même les soldats qui ont applaudi à la prise de la Bastille, malgré le décret de la Constituante du 21 octobre 1789.

Marceau, en arrivant à Chartres, entre dans la garde nationale, sous le colonel Triballet du Gort, qui ne tardera pas à reconnaitre ses talents militaires et à le nommer instructeur.

C'est conforme à ses goûts, il montre le métier des armes et passe le jour sur les buttes à faire faire l'exercice.

On cite parmi ses élèves Vallou, Delaunay *Sans-Chagrin*, Marescal *Vieux-Canon*, Glutigny *Sans-Gêne*, Beaulieu *L'Intrépide*, Aubray *L'Oriflamme*, Barat *Franc-Cœur,* etc...

Il ne leur enseigne pas seulement le maniement du fusil, des piques nationales et la charge à la baïonnette, mais encore l'art de monter à cheval, de s'y bien tenir, d'y être libre dans ses mouvements et de s'y battre avec sabres, piques, etc.

Ses père et mère mécontents lui crient : « Il faut faire un état qui fasse vivre et qui » rapporte, il faut travailler dans la prati- » que ! ».

Ses penchants l'entraînent ; du reste, il ne leur est pas à charge ; sobre et frugal, il dépense peu pour vivre et il a rapporté des économies du régiment.

Rompu à la discipline, il la fera respecter toute sa vie et exécutera aussi avec sévérité les décrets de nos assemblées nationales; en voici la preuve :

Voyant que le chapitre de là cathédrale de Chartres faisait depuis 6 à 7 mois une opposition de plus en plus bruyante à l'exécution du décret, Marceau va seul dans la cathédrale, le 1er ou le 2 octobre, à l'heure de l'office canonial des vêpres, s'approche du chanoine de semaine, en habit de chœur, lui arrache son aumusse, la laisse tomber sur le carreau, et s'éloigne sans dire un seul mot. Le chanoine ,M. Dudoyer, reçoit ainsi, pour lui et ses confrères, la signification que le chapitre est dissous depuis le décret du 12 juillet 1790 ; car Marceau ne le connaît point et ne s'attaque point à lui personnellement.

Sa démarche est suivie d'effet ; le 3 octobre les chanoines cessent de porter l'aumusse, et le lendemain ils ne font pas l'office canonial et ne tiennent plus d'assemblées capitulaires. Le 25, le District leur enlève leurs registres, etc.

Peu après, Marceau est élu capitaine des chasseurs de la garde nationale, et il se montre strict sur la discipline et l'exécution des lois.

Le 27 juin 1791, il se fait inscrire le premier à la mairie, comme en état de porter les armes pour la défense du pays et le maintien de la Constitution, et son exemple est suivi par 67 gardes nationaux de sa compagnie.

En novembre suivant, il arrive par étapes à Reims, à la tête de ses chasseurs ; là, on forme deux bataillons d'Eure-et-Loir, Huet est lieutenant-colonel du premier, et dans les premiers jours d'avril 1792, Marceau est élu lieutenant-colonel du second.

Les deux bataillons sont difficiles à plier à la discipline. Pour y parvenir, les chefs y consacrent 7 à 8 mois, et encore éprouvent-ils souvent des déboires pour faire apprendre les manœuvres et les devoirs militaires.

Nous ne suivrons pas Marceau à Verdun et en Champagne, mais nous dirons un mot de son service dans la légion germanique, en formation à Philippeville, où il entre, en novembre 1792, en qualité de lieutenant en premier des cuirassiers légers, sous le colonel Hamberger. Richer, capitaine de son deuxième bataillon, y est sous-lieutenant des piqueurs.

De loin, nos deux jeunes amateurs de chevaux avaient vu tout en beau et jugé de *la belle* légion d'après l'étalage du programme. Mais elle se recrute de volontaires français, suisses, prussiens, autrichiens, fainéants, ivrognes, rebut des nations.

Comment exercer et discipliner ce ramas d'hommes vicieux?

Enorme tâche... abreuvée de dégoûts!

En décembre 1792, la légion germanique vient par étapes, de Philippeville à Chartres, où elle passe son quartier d'hiver, surveillant le brigandage des Chouans.

Hamberger, l'état-major et les cuirassiers restent à Chartres. Les piqueurs à cheval sont cantonnés à Châteaudun, à Nogent-le-Rotrou et à la Bazoche-Gouet.

En arrivant, Marceau court embrasser sa mère qui, sortie de sa maison rue du Chapelet, demeure en face l'église Saint-Saturnin, où elle s'est établie marchande de mercerie, où elle a été volée en 1796, et où le général lui a envoyé, de Wiesbaden, 25 louis pour réparer sa perte.

L'entrevue est déchirante : le fils pleure à chaudes larmes, la mère pousse des sanglots ; veuve depuis le 19 mai 1792, elle a perdu sa chère fille, Victoire, le 2 juillet suivant, âgée de 18 ans, et son fils aîné, présent, et qu'elle aime tendrement, au lieu d'être près d'elle, court les hasards de la guerre !...

Le courage reprend le dessus, et ils étouffent leurs peines ; Marceau visite ses parents, ses amis, pendant que Richer commande l'un des quatre escadrons de piqueurs, détaché à la Bazoche.

A la fin de janvier 1793, plusieurs de ses cavaliers se livrent à des désordres et à des actes d'insubordination. De là, plainte du commandant et des officiers municipaux de la Bazoche, à l'autorité civile et militaire de Chartres, qui ne sévit pas contre les coupables. Enhardis, les cavaliers se livrent, le 2 février, à de nouveaux excès, désobéissent à leur commandant Richer, le prennent au collet, et renversent par terre leur brigadier. Procès-verbal du juge de paix et de la municipalité.

Le 3 février, le Conseil général de la

Bazoche, après avoir exposé les faits avec précision, prend l'arrêté suivant :

« Considérant que, si les supérieurs du détachement séant en cette ville sont en
» danger et ne peuvent se faire respecter,
» il est impossible que l'objet pour lequel
» il est envoyé soit rempli ;

» Que le mépris et refus, que les cavaliers
» nommés dans l'exposé ont fait d'obéir à
» leurs supérieurs, est un crime d'insur-
» bordination bien dangereux ;

» Que les citoyens sont toujours exposés
» au galop de leurs chevaux, malgré des
» arrêtés de la municipalité et l'ordre des
» chefs ;

» Que, d'un autre côté, la tranquillité
» sera maintenue par le surplus du déta-
» chement dont le courage, la conduite, le
» zèle et l'obéissance ne laissent rien à
» désirer ;

» En conséquence, arrête que le citoyen
» Richer sera tenu de faire partir, dans le
» jour, les cinq particuliers dont il s'agit. »

Le 5 février, le département renvoie cet arrêté au citoyen Bertelmy, commissaire des guerres de la 17e division militaire, à Chartres.

Le 12 février, le commissaire des guerres, faisant fonction d'auditeur à Paris, l'invite à dresser sa plainte et requérir du commandant de place la convocation du juré d'accusation, et à mettre dans cette affaire la plus prompte expédition... « la discipline militaire l'exige. »

Le 20 février, plainte par Bertelmy à Hamberger, commandant en chef de la place de Chartres et de la Légion Germanique, à poste fixe dans cette ville, le requérant de convoquer le juré d'accusation.

Le même jour, ordres donnés par Hamberger pour la convocation du juré d'accusation, laquelle « aura lieu demain 10 heures du matin, en notre maison, » écrit-il.

Le 22 février, Bertelmy et Hoyau, greffier, se transportent au lieu indiqué où étant, mais hors la présence du commandant, ils trouvent réunis les membres composant le juré d'accusation, savoir :

1° Louis-Joseph Arlault, ancien capitaine d'artillerie ;

2° *François Marceau, lieutenant en premier de la légion germanique ;*

3° Louis-Charles Delaunay, lieutenant en deuxième du 1er bataillon d'Eure-et-Loir ;

4° Auguste Argus, maréchal-des-logis de la légion germanique ;

5° J. Vincent ;

6° Mathurin Keustir, brigadier, id. ;

7° Louis Stevenon, brigadier, id. ;

8° Joseph Ruscoin, cuirassier, id. ;

9° Pierre Achère, pionnier, id.

Le commissaire, après avoir reçu leur serment, expose les faits et fait entrer les témoins, qui déposent et se retirent.

Le commissaire observe que les faits ne sont pas suffisamment prouvés.

Après quoi..... 1re question :

« 1° Si le fait, en le supposant prouvé,
» constitue réellement un délit militaire ;
» 2° Si les indices sont assez considéra-
» bles pour faire soupçonner que les préve-
» nus s'en sont rendus coupables, et qu'il y
» ait lieu à suivre la plainte. »

Commissaire et greffier retirés,

Ils rentrent ;

Par l'organe du président, il a été rapporté :

« Non, il n'y a pas lieu. »

Funeste décision ! cause de tous les malheurs de l'état-major.

Les Jacobins l'exploitent avec fureur. La légion germanique est aristocrate et contre-révolutionnaire.

A peine est-elle arrivée à Tours, que Bourbotte fait arrêter ses officiers, Marceau entre autres.

Emira accourt et expose au représentant du peuple les titres révolutionnaires de son frère : vainqueur de la Bastille, rayé comme tel des contrôles de l'armée royale, observateur des décrets des assemblées nationales, patriote opposé à Lafayette et à la cour, ennemi de la Vendée, républicain qui a juré et a fait jurer à ses soldats de n'obéir qu'à la Convention.

Là dessus, Bourbotte ordonne sa mise en liberté et l'envoie à Saumur avec son escadron de cuirassiers légers, tandis qu'il fait transférer l'état-major à Paris, devant le Comité de salut public.

On sait comment Marceau sauva Bourbotte à la bataille de Saumur où les royalistes lui prennent sa valise, ses effets, papiers... comme les Prussiens à Verdun lui ont pris ses effets et ses économies, 400 liv.

De la Touraine, Marceau passe en Anjou... rencontre le général Desclozeaux, Boncenne, son aide de camp, depuis auteur d'un savant traité de procédure, Philippeaux, Chany, son secrétaire, qui le mènent partager le pain de munition au bivouac. Ils passent les républicains en revue, reprennent le pont de Cé sur les royalistes commandés par Duhoux, général sorti de la place de Reims, que Marceau avait connu en 1792. Desclozeaux avait acheté l'abbaye de Tiron, près Nogent, pour y rétablir les écoles militaires, mais le 9 novembre 1797, à Tiron, il a été trouvé mort dans son lit, ayant une large blessure au col.

Nous ne suivrons pas Marceau plus loin... bornons-nous à dire qu'en décembre 1793, il fut atteint d'une inflammation de l'urèthre, et que, malgré 3 mois 1/2 de traitement, cet horrible mal l'a affligé jusqu'à sa mort.

Terminons par deux de ses lettres encore inédites.

6 novembre 1974.

ARMÉE DE SAMBRE ET MEUSE

LIBERTÉ, ÉGALITÉ

Au quartier-général à Bonn, le 16 brumaire, an 3 de la République française, une et indivisible.

MARCEAU, général de division, commandant l'aile droite,

A PERIER DE TREMÉMONT, avocat à Paris.

Je te félicite de bien bon cœur, mon cher ami, sur les engagements que tu vas prendre. Ils sont les seuls qui peuvent faire espérer quelque bonheur. La connaissance que j'ai de ton caractère m'assure que l'hyménée t'en prépare de bien doux ; je ne regrete, au milieu de ce que tu appelles gloire, que de ne pouvoir être témoin de ton bonheur, et de ne pouvoir m'assimiler à toi en prenant une jeune et charmante compagne ; c'est là qu'on trouve la vraie jouissance, ce n'est que là, mon ami, qu'on peut se dire heureux ; tout le reste n'est qu'éphémère, l'amitié seule nous dedomage de ce vuide immense que nous sommes forcés d'éprouver quand nous ne tenons pour ainsi dire à Personne.

Veuilles donc te souvenir quelque fois que tu m'accordas la tienne, que toujours je la méritai, et par des nouvelles frequentes distrais moi des occuppations multipliées dont je suis accablé. Il m'est toujours bien doux et c'est même la seule satisfaction que j'éprouve que celle de me rapprocher de mes anciens et vrais amis. Je t'embrasse.

MARCEAU.

Charges toi de présenter mes civilités à ton Epouse que je ne connais point, je crois, mais qui me devient intéressante du moment qu'elle t'appartient.

Perier a épousé Mlle Levassor d'Ormoy, le 1er novembre 1794.

ARMÉE DE SAMBRE ET MEUSE — 7 août 1796.

1re division aile droite

LIBERTÉ ÉGALITÉ FRATERNITÉ

Au quartier général à Wisbaden, le 20 du mois de Thermidor, 4e année républicaine.

MARCEAU, général de division commandant l'aile droite de l'armée,

Au citoyen COURTOIS.

Un mien frère, je ne sais comment brigadier de gendarmerie dans notre département, désirerait de l'avancement, et c'est en vérité fort louable de sa part. Malheureusement déplacé, et loin du théâtre où par la bravoure et les belles actions on peut s'en procurer, il m'écrit à cet effet, et me croyant un grand crédit, il me prie de solliciter près du ministre une place de maréchal des logis dans la gendarmerie organisée, ou à organiser en ce moment. Ne me souciant point d'adresser au ministre une demande de cette nature, et connaissant votre bienveillance pour moi, c'est à vous qui êtes, je crois, à la tête de cette partie, que j'adresse la prière de vouloir bien être favorable au pétitionnaire, je vous en aurai grande obligation. Veuillez me donner un mot de réponse et me faire savoir ce sur quoi je dois compter à cet égard.

Salut, amitié,

MARCEAU.

P. S. — Vous êtes sans doute le Courtois ami de mon enfance, il me sera agréable, sous ce double rapport, de recevoir de vos nouvelles.

On doit communication de cette lettre inédite à l'obligeance de M. Jules Petit, sécrétaire de la mairie et vice président de la Société musicale de Châteauneuf.

Elle prouve le caractère honnête et réservé du général.

Courtois, chef de bureau au ministère de la guerre, ami d'enfance de Marceau, est mort à Châteauneuf en l'année 1830.

(*Extrait de* L'UNION AGRICOLE.)

Chartres. — Imprimerie DURAND frères, r. Fulbert

www.ingramcontent.com/pod-product-compliance
Ingram Content Group UK Ltd.
Pitfield, Milton Keynes, MK11 3LW, UK
UKHW020453180726
13839UKWH00004B/1802

9 782329 605357